AF230324

L27
n
2327 L

SOCIÉTÉ

DES

COMPAGNONS BOULANGERS DU DEVOIR

NOTICE BIOGRAPHIQUE

DE

JEANNE DESHAYES

VEUVE JACOB

MÈRE DES COMPAGNONS DU DEVOIR

DE LA VILLE DE TOURS (INDRE-ET-LOIRE)

PAR

L.-P. JOURNOLLEAU

Dit *Rochelais l'Enfant chéri*, compagnon boulanger.

ROCHEFORT

IMPRIMERIE CH. THÈZE, PLACE COLBERT

1865

SOCIÉTÉ

DES

COMPAGNONS BOULANGERS DU DEVOIR

NOTICE BIOGRAPHIQUE

DE

JEANNE DESHAYES

VEUVE JACOB

MÈRE DES COMPAGNONS DU DEVOIR

DE LA VILLE DE TOURS (INDRE-ET-LOIRE)

PAR

L.-P. JOURNOLLEAU

Dit *Rochelais l'Enfant chéri*, compagnon boulanger.

ROCHEFORT

IMPRIMERIE CH. THÈZE, PLACE COLBERT

1865

AVANT-PROPOS.

Avant de commencer la biographie de cette femme que nous regrettons tous, je dois ici prévenir le lecteur, afin de le mettre au courant des articles que je veux traiter.

Ainsi, donc, la biographie de notre bonne Mère en est la principale cause, et, par conséquent, en sera le principal sujet.

J'aurai soin d'être clair et précis dans le contenu de cette brochure, n'ayant pas, je vous l'avoue, de prétentions plus grandes que mes capacités.

Mon but, le seul que je me suis tracé et qui me fait agir en ce moment, c'est l'amitié que cette excellente femme prodiguait aux Enfants du Devoir. Aussi, dans cet écrit, que je destine aux Enfants du Tour de France, je tâcherai, tout en étant bref, de ne rien omettre des bonnes actions qu'elle a pu faire dans le courant de son passé mémorable.

Dans la seconde partie, qui fera suite à cette bio-graphie, je vous donnerai connaissance de la fête qui a eu lieu à Tours, le 19 mars dernier, à l'occasion de l'érection d'un monument élevé à sa mémoire, et, comme je fus témoin oculaire de cette belle et touchante cérémonie, je vous la décrirai sans emphase et aussi fidèlement que mes souvenirs pourront me le permettre. Une pièce de vers, au souvenir de cette femme vénérable, terminera la seconde partie de cet ouvrage.

Voulant joindre, en même temps, l'agréable à l'utile, et cédant au désir de plusieurs de mes collègues, j'augmenterai le contenu de cette brochure de quelques chansons inédites et spécialement dédiées aux Compagnons du Tour de France. Ces chansons, faites dans un but d'amour et de concorde, seront lues avec plaisir, je le pense, par tous ceux qui, comme moi, aiment l'union et la fraternité.

Rochefort, 30 avril 1865.

AMIS ET FRÈRES,

Si j'ai tardé jusqu'à ce jour à l'accomplissement d'un devoir bien mérité, sans doute, et que plusieurs d'entre vous sollicitaient depuis quelque temps, c'est que j'avais besoin de me recueillir un peu avec mes souvenirs ; car le passé de notre bonne Mère méritait, à tous égards, d'être étudié et approfondi. Déjà, depuis longtemps, j'avais perdu de vue cette femme vénérable ; il fallait et il était utile que je prisse pour cela des informations indispensables auprès de son honorable famille, comme aussi, d'un autre côté, j'en recevais de quelques anciens Compagnons qui l'avaient beaucoup connue, et qui ont été aptes à m'en donner les meilleurs renseignements.

Je n'aurai point à vous donner ici le passé d'un grand capitaine. La biographie d'une femme ne peut guère le comporter ; mais, en revanche, que de regrets elle emporte dans la tombe, celle que nous avons à déplorer. Le temps qui vient de s'écouler depuis ce jour néfaste nous montre combien la perte que nous avons faite est grande, et combien aussi il nous sera difficile de combler le vide qu'elle laisse parmi nous.

Jeanne DESHAYES est née en Touraine, le 14 avril 1796, dans un petit village nommé Neuillé-le-Lièvre, canton de Monayes. Ses parents, gens tranquilles et honnêtes, habitaient alors un moulin à fouler le drap, du nom de Villée. C'est dans cette habitation qu'elle fut élevée par les soins d'une mère qui ne négligea rien pour en faire de bonne heure une femme intelligente et vertueuse : aussi Jeanne DESHAYES acquit-elle promptement bien des connaissances utiles ; car, douée d'une perspicacité rare, elle ne tarda pas, quoique bien jeune, à se faire remarquer par l'ordre et les soins qu'elle apportait au travail que, dans sa position d'ouvrière, elle était obligée de faire.

Elle venait à peine d'accomplir sa seizième année, que déjà se développait en elle un dehors qui la favorisait en ce sens qu'elle avait beaucoup d'apparence et qu'elle était d'un abord facile et agréable.

Mais cette vie calme et tranquille de nos campagnes ne devait pas longtemps lui sourire : car, avec les goûts vifs et remuants de notre jeune héroïne, c'était le bruit de la ville qu'il lui fallait, c'était le train train tumultueux des affaires. Aussi, d'accord avec sa mère, qu'elle aimait beaucoup, elle quitta cette maison qui l'avait vue naître, pour venir se fixer à Tours, son lieu de prédilection, étant à peu près sûre d'y trouver une place de cuisinière, car sa mère, qui connaissait passablement cette profession, n'avait pas négligé de lui en donner les premiers principes.

Nous étions en 1812. Il y avait à Tours, à cette époque, un homme honorable et distingué sous tous les rapports, tant sous celui de sa vie privée que sous celui des hautes charges dont il était revêtu. Ce fut chez cet homme, qui remplissait les fonctions de procureur impérial, et s'appelait M. Decan, que la jeune DESHAYES fit ses premiers débuts.

Elle ne négligea rien pour satisfaire ses nouveaux maîtres, car, quoique jeune, elle s'était fait une résolution du travail que la vie nécessite, et qui, en quelque sorte, nous oblige à la soumission.

Cependant, quelques souvenirs venaient de temps en temps assombrir son front pur et candide ; car cette mère qu'elle vénérait et qu'elle avait quittée, ce séjour qui l'avait vue naître et qui ne devait pas être sans charme, ces camarades d'enfance qu'il lui semblait voir encore courant à l'ombre de la verte feuillée : tout ceci réveillait en elle cet amour de la famille et du pays. Aussi, parfois, voyait-on sur ce visage, brillant de jeunesse et de fraîcheur, couler une larme d'amour et d'attendrissement.

Elle commençait pourtant à se résigner à son sort ; car, le temps, qui efface tout, lui fit mettre de côté toutes ces idées sombres et mélancoliques, qui, chez des tempéraments faibles, deviennent quelquefois de ces maladies nostalgiques souvent si dangereuses.

Elle resta dans cette paisible demeure un an ou dix-huit mois au plus, et alla, ensuite, se placer chez des Anglais, afin d'acquérir certaines connaissances culinaires qui lui manquaient. Elle fit encore un assez long séjour dans ce nouvel emploi ; car, par son caractère gai et ses manières prévenantes et polies, elle sut toujours s'attirer l'estime de chacun, et principalement de ceux sous les ordres desquels elle était appelée à servir.

En 1815, les Prussiens, qui campaient sur les bords de la Loire, l'ont vue cuisinière à l'hôtel du Croissant, situé dans la rue Chaude, où elle resta jusqu'en 1819, époque où elle se maria.

C'est aussi dans cet hôtel qu'elle fit connaissance de celui qui fut appelé, par les liens du mariage, à partager sa destinée, et que nous nommerons M. Jacob. Ce M. Jacob était, comme elle, un employé de la maison jouissant, à plus d'un titre, de l'estime de ses maîtres, tant sous le rapport de la conduite que de la probité.

Quelque temps après leur mariage, qui eut lieu le 19

juillet de l'année 1819, comme je viens de le dire précédemment, ils sortirent de cette maison pour s'établir place du Grand-Marché, où ils restèrent peu de temps, car, voulant agrandir leur commerce, ils vinrent définitivement se fixer rue de la Serpe.

Nous la voyons dans son ménage, active, laborieuse, veillant aux intérêts de sa maison, et conservant, envers ses nombreux clients, cette affabilité qui fut l'une des plus belles qualités de sa vie, et qui plus tard devait lui profiter. Femme forte dans toute l'acception du mot, Mme JACOB (car, à partir de ce jour, nous ne l'appellerons plus autrement) fut admirable de dévoûment et d'amour pour les siens, comme pour tous ceux qui l'entouraient.

Aussi, à l'époque dont je vous parle, c'est-à-dire vers 1820, les boulangers Compagnons du Devoir étant à la recherche d'un local, pour y établir le siége de leur Société, on leur proposa l'hôtel de la Serpe. Après quelques informations utiles, cette proposition, qui semblait leur sourire, fut acceptée, et ils s'entendirent avec M. et Mme Jacob sur toutes les clauses et conditions nécessaires.

La voilà donc Mère des Compagnons boulangers du Devoir de notre troisième Cayenne du Tour de France ! la voilà commençant cette tâche épineuse et militante qui devait, plus tard, lui mériter de notre part tant d'éloges et de gratitude.

C'était donc, ainsi, presque à son début dans les affaires que la Société fit son entrée chez elle ; mais, malgré ce surcroît de travail qui lui survenait tout à coup, Mme Jacob, à qui le courage ne fit jamais défaut, sut faire face à toutes les éventualités de sa nouvelle et avantageuse position.

Nous allons, maintenant, la laisser vaquer aux soins de ses affaires commerciales, en même temps qu'à ceux de sa maison, pour la retrouver, à quelques années de là, entourée d'une nombreuse famille, et conservant toujours, malgré ses tribulations de ménage, cet air souriant et doux qui la faisait aimer.

Ses enfants, qu'elle chérissait et qu'elle aimait de toute son affection maternelle, apprirent de bonne heure à se conduire d'une manière irréprochable, car ils grandissaient sous les yeux d'une mère qui ne négligea rien pour les rendre dignes d'elle et dignes en même temps de tous ceux qui devaient les connaître.

Maintenant, que pourrai-je vous dire sur toutes les tribulations qu'elle eut à subir pendant les dissensions malheureuses qui existaient à cette époque. Je vous avoue que ce serait un travail pénible pour celui qui voudrait l'entreprendre. Il faudrait avoir pour cela beaucoup de documents qui nous manquent, afin de pouvoir préciser l'époque et la date de chacune de ces scènes bizarres et ridicules, que l'ignorance venait si souvent provoquer.

Aussi, combien de fois fut-elle victime de ces dangereuses catastrophes !

Je me rappelle, moi, qui travaillais à Tours dans ce temps de douloureuse mémoire, d'un fait qui se passa à l'époque de notre fête du 16 mai 1836, et comme je tiens à vous en donner un aperçu, je vais le faire brièvement, ne voulant pas sortir des limites que je me suis tracées ; si j'en sors un instant, c'est pour vous démontrer combien cette femme, si méritante et si bonne, fut éprouvée dans sa vie ; car, depuis notre entrée chez elle jusqu'en 1845, époque où cessèrent à peu près toutes ces dissensions, elle eut à supporter de bien terribles émotions. Or, voici ce qui se passa dans ce jour de douloureux souvenir :

Dès le matin, un rassemblement d'ouvriers, accourus de tous les points de la ville et des environs, s'était donné rendez-vous sur la place du Grand-Marché, dans l'intention de guetter notre sortie et de nous enlever nos cannes et nos couleurs. Ces hommes avaient aussi l'idée de nous faire un mauvais parti : du moins, on pouvait le penser en les voyant porteurs de bâtons de toutes dimensions. Quelques témoins de ces menaçants préparatifs vinrent nous prévenir de ce qui se passait, en nous engageant à ne pas sortir, afin d'éviter des suites désagréables. Cependant, tout était préparé : la musique allait nous arriver, et la messe était commandée pour onze heures : mais, après cet avertissement, nous fîmes prévenir la police, qui se rendit à notre domicile et nous conseilla prudemment de ne pas sortir. Réflexion faite, et après avoir consulté M. le Commissaire de police, qui fut de notre avis, nous demandâmes des voitures qui nous arrivèrent aussitôt, et nous partîmes pour l'église Saint-Vincent, escortés d'un piquet de cavalerie qui nous fut aussi accordé à la demande de l'autorité.

La cérémonie religieuse étant terminée, nous retournâmes chez notre Mère dans le même ordre d'où nous en étions partis. Étant arrivés, et pour éviter des querelles avec nos agresseurs, nous nous dispensâmes encore de porter, comme il était d'usage, des gâteaux chez MM. les Maîtres ; le dîner, qui eut lieu à cinq heures, se fit assez tranquillement, grâce à la mesure de sûreté prise par l'autorité, qui avait placé un factionnaire à chaque bout de la rue de la Serpe, avec la consigne de ne laisser passer personne sans un motif grave et indispensable : enfin, le bal, qui termine cette journée habituellement si belle pour nous, n'eut pas lieu, toujours afin d'éviter les désagréments qui pouvaient en résulter.

Ainsi, lecteur, voyez, d'après de pareils faits, ce qu'était l'ouvrier du Tour de France à cette époque, et vous pourrez juger ensuite de ce que Mme Jacob eut à souffrir par suite de ces pénibles discordes qui, malheureusement, ne devaient

pas se terminer de si tôt, puisque cinq ou six mois après
l'affaire dont je viens de parler, il s'en passa une autre non
moins terrible :

Il arriva, un jour, que sa maison fut envahie par certains
ouvriers qui, pour des motifs d'une futilité singulière, étaient
venus nous chercher querelle, et, comme ils arrivèrent dans
un moment où nous étions encore à nos travaux, Mme Jacob
qui, précisément, se trouvait seule avec sa domestique, et
se doutait de leurs coupables projets, vint courageusement
au-devant d'eux, en leur disant qu'ils n'auraient point à
boire et les invitant à sortir sur-le-champ, sinon qu'elle
allait envoyer chercher la police. A cette réponse, qui les
exalta davantage, ils se mirent à l'injurier grossièrement,
et, non contents de cela, ils cassèrent plusieurs objets qui
se trouvaient à leur portée : elle-même, en voulant défendre
ses intérêts et repousser les récalcitrants, reçut quelques
blessures qui, bien que légères, n'en étaient pas moins
désagréables.

Heureusement, toutes les ouvertures du rez-de-chaussée
avaient été fermées aussitôt : car ils ne se contentèrent pas
de ce qu'ils venaient de faire à l'intérieur : il fallut aussi
que l'extérieur subit les effets de leur funeste rage. A un
signal donné par un des meneurs de cette cohorte, la façade
de la maison fut assaillie de projectiles. Une demi-heure
après, il ne restait presque plus de tuiles sur le toit, tellement, que le lendemain des ouvriers couvreurs furent
obligés de recouvrir ce but : les croisées, veuves de leurs
carreaux, eurent aussi besoin d'être réparées.

Maintenant, Frères, je pense que vous ne me blâmerez
pas d'avoir un peu dévié de ma route ; il le fallait, et vous
devez voir, comme moi, que tout ce que je viens de vous
dire, par l'exposé des faits, rentre dans la biographie de
cette bonne et tendre Mère : car, ce sont par ces mêmes

faits que vous pourrez juger de son caractère et de son
cœur; vous apprécierez aussi ce qu'elle a dû souffrir à la
vue de ces rivalités sanglantes qui, pendant vingt-cinq ou
trente ans, au moins, sont venues faire la désolation du
Tour de France.

Femme forte et dévouée, elle résista à toutes ces misères
de l'époque, où beaucoup à sa place auraient succombé.
Ah ! c'est qu'elle avait confiance en Dieu, et, dans cette
confiance sincère, elle s'était dit : « Je me suis chargée
d'une mission divine et sacrée ; je la remplirai fidèlement
jusqu'au moment fatal où la mort seule viendra m'en
arracher. »

Cette femme vertueuse disait vrai : elle-même pronosti-
quait son avenir.

A la fin de 1836, je quittai la Touraine, pour y revenir
trois ans plus tard, me rendant à la Rochelle. J'eus le
bonheur de revoir encore cette Mère chérie, qui me reçut
avec cet abord aimable qui lui était si familier. C'était bien
toujours la même personne, toujours gaie, toujours riante,
et toujours charitable. Je passai à Tours cette journée seulement, ne pouvant rester davantage. Dans la soirée, j'eus
le plaisir si doux de disserter longuement avec elle sur des
motifs concernant la Société, et le lendemain, après lui
avoir fait des adieux qui lui furent bien sensibles, je quittai
Tours, emportant le souvenir de cette femme que j'avais
tant aimée et que je ne devais plus revoir.

A partir de ce moment, je me dispenserai de vous entretenir des tribulations et des misères que Mme Jacob eut
encore à supporter en maintes circonstances ; ce serait
vous répéter tout ce que je vous ai dit précédemment, et je
crois vous en avoir dit assez pour m'éviter de nouveaux
détails.

Nous allons donc la retrouver, en 1846, car un motif

puissant m'oblige à ne point passer sous silence les poignantes émotions qu'elle eut encore à subir par la perte douloureuse et cruelle qu'elle fit dans la personne aimée de son mari.

Cette journée néfaste du 23 octobre causa en elle de terribles ravages ; car, quand, pendant vingt-sept ans, on a vécu calme et tranquille avec un être que l'on affectionne, et qu'une séparation de ce genre vient mettre un terme à notre bonheur, il est un fait, que celui qui reste, pour peu qu'il soit d'un caractère aimant et fidèle, ne doit plus être heureux... Mme Jacob était de cette catégorie ; elle conserva toujours, et jusqu'à son dernier soupir, le souvenir de cette perte irréparable décrétée par la destinée.

Mais ce qui lui causait parfois cet air de tristesse que nous avons souvent remarqué en elle, c'était de ne plus s'entendre appeler de ce nom si doux de Rose, que M. Jacob aimait tant à prononcer ; car, ce nom, qui n'était pas le sien, puisque son acte de naissance est venu nous prouver le contraire, était un nom d'adoption datant de l'époque où ils étaient en place à l'hôtel du Croissant, et que, par habitude, M. Jacob avait conservé.

Maintenant, lecteur, nous parcourrons un espace de temps assez long sans avoir de motif saillant qui puisse attirer votre attention. Depuis la mort de son mari, Mme Jacob a dû naturellement se résigner à son sort, et, comme nous connaissons son courage à toute épreuve, elle continua son commerce comme elle le faisait antérieurement ; c'est-à-dire, qu'à l'égard de ceux qui l'honoraient de leur confiance, elle fut toujours complaisante et bonne.

Elle vivait donc, entourée de sa famille, de cette vie paisible et douce qui, après les tribulations sans nombre qu'elle avait éprouvées, venait si bien sympathiser avec ses goûts.

Cependant, nous la voyions vieillir graduellement, et pourtant elle était heureuse, heureuse de ce bonheur qui nous transporte dans les régions de la félicité ; car, son amour pour sa famille, comme pour ses enfants d'adoption, faisait ses plus chères délices. Ainsi, dans l'espoir d'un meilleur avenir pour ceux qui devaient lui survivre, elle ne cessait de faire tous les jours des vœux pour l'accomplissement de ces vastes et fraternels projets ; projets d'amour et de concorde qu'elle rêvait depuis si longtemps, et qui n'ont pu se réaliser de son vivant, puisque la mort est venue la surprendre au milieu de ces préméditations sans nombre qu'elle avait idéalement entreprises.

Déjà, depuis quelque temps, elle souffrait d'un mal intérieur qui n'était pas sans lui causer de sérieuses inquiétudes ; car, bien que courageuse et forte, Mᵐᵉ Jacob n'en était pas moins dans sa soixante-huitième année. Ainsi, son âge, le travail qu'elle avait pu faire, et, joint à cela, les fréquentes tribulations qu'elle éprouva dans sa vie, tout ceci réuni ne pouvait manquer d'altérer sa santé et de lui causer de funestes ravages.

Ce fut donc le 24 septembre 1863 que cette femme, que le Tour de France regrette et regrettera toujours, que cette femme pure et vertueuse entre toutes, paya à la nature cette dette sacrée dont, en naissant, nous nous trouvons débiteurs.

Ses derniers moments furent bien sensibles aux témoins de sa fin pénible et douloureuse ; car, entourée de sa famille éplorée et de quelques-uns des membres de cette Société qu'elle aimait tant, cette femme, courageuse jusque dans le râle de l'agonie, retrouva assez de force pour dire un éternel adieu à tout ce qu'elle avait aimé en ce monde, et qu'elle voyait pour la dernière fois.

C'est alors que, prise d'une surexcitation nerveuse, elle

voulut dire encore quelques paroles qu'il lui fut impossible de prononcer : sa langue, paralysée par le froid de la mort, ne pouvant plus les articuler.

Cependant, après un retour sur elle-même, elle jeta un dernier regard sur les nombreux témoins de sa cruelle et douloureuse agonie, et sentant, naturellement, la vie prête à lui échapper sans avoir pu communiquer à ses proches le fond de sa pensée, elle se mit à pleurer.

Oh ! que ses douleurs étaient amères, et que ses larmes renfermaient d'amour et de pénibles regrets !...

Cette crise, avec laquelle elle devait finir, fut tellement violente, que, cette fois, anéantie par les souffrances atroces qu'elle venait d'éprouver, elle ferma les yeux pour ne plus les rouvrir.

Elle était morte !...

Maintenant, Frères, que nous reste-t-il à faire pour perpétuer le souvenir de cette femme qui nous aimait tant, de cette femme qui, pendant quarante-cinq ans, fut notre bonne et tendre Mère : de cette femme, enfin, qui sut nous protéger dans maintes circonstances, et qui, à plus d'un titre méritait tant des membres de notre Société.

Eh bien ! cette Société, reconnaissante, vient, à l'unanimité du Tour de France, d'élever à sa mémoire un monument qui devra rappeler à nos descendants combien cette femme était vénérée : car, ce monument, surmonté d'une statue en bronze de grandeur naturelle, doit être, pour tous, un souvenir durable, et que l'amitié seule pouvait inspirer.

En voici l'inscription :

—

SOUVENIR

DES COMPAGNONS BOULANGERS DU DEVOIR

A LEUR MÈRE JACOB

LA DOYENNE DES MÈRES DU TOUR DE FRANCE

DÉCÉDÉE A TOURS, LE 24 SEPTEMBRE 1863

A L'AGE DE 68 ANS.

PRIEZ POUR ELLE !

SOUVENIR DU 19 MARS 1865.

ÉRECTION D'UN MONUMENT

Élevé à la mémoire de la Doyenne de la Doyenne des Mères du Tour
de France, par les soins de la Société des
Compagnons boulangers du Devoir.

C'était un dimanche. Toute la population de la ville de
Tours, prévenue quelques jours à l'avance par certaines
feuilles de la localité, attendait avec une désireuse anxiété
le moment de jouir d'un coup d'œil rare et inaccoutumé ;
car, un cortége, composé de plus de trois cents Compagnons,
augmentés de quelques corporations amies, tous décorés de
leurs insignes distinctifs, allait défiler du siége de leur
Société, situé toujours rue de la Serpe, 7, pour se rendre au
cimetière, placé sur les hauteurs de Saint-Symphorien. Ce
cortége, précédé d'un char allégorique, décoré avec soin de
tous les attributs symboliques de la mort, emportait, dans
ce séjour des douleurs, une magnifique statue en bronze,
de grandeur naturelle, devant orner désormais, et comme
un souvenir d'amour et de reconnaissance, le mausolée de
celle qui fut, pendant quarante-cinq ans, leur bonne et
tendre Mère.

Ce cortége, parti à deux heures de la rue de la Serpe,
passait par les rues Saint-Martin, de l'Intendance et la rue

Royale, et s'est rendu jusqu'au cimetière dans le plus profond recueillement.

La foule était nombreuse sur tout le parcours, et le silence le plus complet régnait dans la multitude. On eût dit que cette masse imposante partageait avec nous la perte douloureuse que nous avions à déplorer.

On a dû remarquer qu'à la suite de ce char funèbre, venait, recueillie et consternée, une grande partie des membres de la famille de Mme Jacob.

Entr'autres ses fils, filles et belle-fille.

Notre Mère actuelle était accompagnée de Mme la Mère des Compagnons de la ville d'Angers, qui n'avait pas craint, malgré la saison rigoureuse, de venir déposer son offrande sur le tombeau de sa vénérable collègue. Venaient, ensuite, les membres de la Commission.

Les portes du cimetière de la Salle se sont ouvertes à notre arrivée ; mais, là, il a fallu nous rendre à l'évidence, c'est-à-dire que nous dûmes déposer nos insignes compagnonniques avant d'entrer dans ce saint lieu. Tels étaient les ordres de l'autorité ; nous nous inclinâmes devant cet ordre : c'était notre devoir.

Partout, et malgré l'incertitude du temps, la foule était tellement compacte que, sans l'intervention de M. le commissaire de police et de ses agents, nous n'eussions pu nous frayer un passage pour arriver jusqu'au lieu destiné à l'imposante et touchante cérémonie que nous allons accomplir.

On fit, cependant, approcher le char assez près du monument, de façon qu'au moyen d'une grue, disposée à cet effet, on pût monter facilement et promptement cette magnifique statue qui, après avoir été bénite par M. l'abbé Bodin, curé de Saint-Symphorien, fut immédiatement placée sur son piédestal. Ce travail étant terminé, nous nous disposâmes en cercle autour de cette tombe encore toute récente de douloureux souvenirs : puis, ce digne prêtre, continuant la tâche qu'il avait entreprise, a, selon les usages de l'Eglise, adressé à l'assistance quelques paroles éloquentes et bien senties, que je regrette de ne pouvoir reproduire ici.

Je remercie ce ministre de Dieu de toutes les bonnes paroles qu'il nous a adressées, paroles d'amour et de concorde, faites pour coïncider avec les temps actuels, et qui devraient, si elles étaient bien comprises, nous ouvrir à tous la route du progrès.

Je le remercie encore doublement, parce qu'il a fait, en quelque sorte, le panégyrique d'une femme qui nous fut toujours chère et qui emporte dans la tombe les regrets de tous ceux qui l'ont connue...

La divine mission de ce vénérable pasteur étant terminée, M. Parfait, dit Tourangeau le Bien-Aimé Fidèle, organe de sa Cayenne respective, a prononcé le discours suivant :

« Frères et Compagnons du Devoir de tous métiers,

« L'acte que nous venons d'accomplir, l'inauguration de ce monument funèbre, est le témoignage de notre profond respect, de notre gratitude pour notre bonne Mère qui, pendant quarante-cinq ans, a été la Mère des Compagnons boulangers du Devoir. Je dois vous dire aussi que la présence des Compagnons des autres corps est pour nous bien sensible et bien douce.

« L'union de tous les Compagnons du Devoir est l'œuvre du temps et du progrès. Je puis dire hautement, en présence de cette tombe, que Mme Jacob avait compris l'utilité de cette union ; car, pendant quarante-cinq ans, elle a toujours cherché à éviter ces discordes repoussantes qui, heureusement, ne sont plus de notre époque : elle a aidé de son énergie, et je dirai même qu'elle a créé le rapprochement de tous les Compagnons, ce qui, aujourd'hui, cause que notre deuil est partagé, et j'espère qu'il en sera de même de nos sentiments.

« Frères et amis, nous avons une mission à remplir. Cette mission est sublime ; mais le but est difficile à atteindre. Cependant, avec de la persévérance, une volonté énergique, inébranlable, ce but sera certainement atteint. Ce but, vous le comprenez, c'est le bien-être de tous par tous, et, pour arriver à ce résultat, il faut suivre les bons exemples qui nous ont été donnés par notre bonne et regrettable Mère.

« Approchez, vous qui pleurez une perte cruelle ; célébrons ensemble, dans un saint recueillement, la mémoire de notre bonne Mère ; approchez, orphelins qui pleurez la perte, hélas ! toujours prématurée, d'une Mère tendre et vigilante, d'une Mère aimant ses enfants : approchez, sous le poids de la douleur qui offre ses larmes au souvenir de notre compagne aimée ; approchez, enfants au cœur brisé, vous tous sur qui s'est appesantie la main de la destinée, et qui avez déposé dans cette terre un objet d'affection ; approchez, et accompagnez-moi près de la dernière demeure de celle que nous n'oublierons jamais. Suivons son exemple, faisons nos efforts pour terminer son œuvre ; disons honneur et prospérité à la famille antique et vénérée qui, sur tous les points du globe, met ses membres en état de se reconnaître et de se prodiguer l'accueil de l'égalité et les secours de la richesse.

« Honneur et prospérité à la Société la plus admirable et la moins sujette aux caprices du sort, à l'action du temps.

« Honneur et prospérité aussi à ce consentement volontaire, qui rend les hommes initiés sans se connaître et frères sans parenté...

« Accueillons favorablement et fraternellement tous Compagnons et Aspirants, sans distinction de professions ; il faut une union sérieuse, sympathique et dévouée : approchons, formons autour de ce tombeau une chaîne d'union, et que l'esprit de notre bonne Mère nous inspire ! »

Aussitôt ce premier discours prononcé, M. Delaprade, dit Angoumois Francœur, se faisant aussi l'organe de notre cinquième Cayenne compagnonnique, a, tout en comprimant une poignante et douloureuse émotion, fait entendre les paroles suivantes :

« Messieurs, et vous tous, Compagnons du Devoir, ici présents, je viens, au nom de notre cinquième Cayenne de France, offrir sa part de reconnaissance à celle pour laquelle notre amitié n'a jamais fait défaut, et, par suite, en récompense de tous les bienfaits que, durant sa vie de Mère des Compagnons du Devoir, elle n'a cessé un seul instant de nous prodiguer.

« J'aurais vivement désiré que la Chambre de Rochefort eût réservé l'honneur de porter la parole devant un si imposant cortége à plus digne que moi de cette tâche. Aussi, la conscience de mon insuffisance me pénètre d'une émotion qui vous paraîtra, j'espère, toute naturelle. Surmontant les sensations profondes que me cause l'objet de cette pieuse cérémonie, je vous prie d'être indulgent pour les quelques paroles partant du cœur d'un ami de la défunte qui repose en paix sous la base de ce modeste et sombre monument, autour duquel un sentiment pieux et filial nous réunit en ce jour en corps si nombreux. Rarement, sans doute, les

douleurs de la famille compagnonnique ont inspiré de sen-
sibilité aussi générale et aussi vive que celle dont nous
sommes en ce moment pénétrés !

« L'assistance nombreuse qui se presse autour de ce
tombeau, dédié à la mémoire de celle que nous avons tous
aimée, et dont une partie est accourue de nos vingt-deux
villes du Devoir, prouve clairement que la créature de Dieu
qui repose sous ce modeste monument, a mérité, de son
vivant, toutes nos loyales sympathies. Un tel concours de
regrets, Compagnons, prouve aussi le deuil de la
Société qui s'enorgueillit de l'avoir eue pour Mère pendant
plus de quarante-cinq ans.

« L'inépuisable monument élevé à sa mémoire par la
Société prouve encore combien l'ange que nous regrettons
tous était vénéré.

« Vous savez aussi bien que moi, Frères, que Madame
Jacob était pour nous une Mère hors ligne, demeurée,
jusqu'à ce jour, sans pareille, et que tous ceux qui l'ont
connue l'ont beaucoup estimée.

« Liée avec la Société depuis 1820, les Compagnons et
Aspirants ont pu apprécier dans bien des circonstances ce
cœur si généreux et si bon ! Douée d'une âme sensible et
d'un esprit bienfaisant, pleine de courage et d'amour pour
l'humanité, sa devise était la charité, et la Société l'objet
constant de sa vive sollicitude ; elle s'était fait une religion
de son titre de Mère, dont elle remplissait les devoirs
sacrés d'une manière digne de tout éloge, au malheureux
temps où le Tour de France était un champ de carnage et
nos villes de Devoir des places fortes : cette sainte femme
était pour nous, tout à la fois, Mère et Sœur hospitalière
dans ces douloureuses circonstances. Son cœur généreux
n'avait pas de bornes ; elle prodiguait ses soins aux malheureux blessés et aux prisonniers avec un dévoûment
sans bornes et extraordinaire.

« Véritablement , il fallait qu'elle fût douée par Dieu d'une âme forte et d'un cœur bien trempé , pour supporter, sans se plaindre, ces rixes sanglantes, enfantées souvent. et comme l'a dit Rochelais l'Enfant Chéri , par l'ignorance et l'erreur.

« Oui, Compagnons, la Mère Jacob a traversé en femme héroïque tout le temps de nos discordes compagnonniques : elle a été pour nous toujours grande et généreuse. Sa règle de conduite était de considérer au même titre les ouvriers heureux et malheureux : pour elle, point de distinction. Combien de fois ne l'avons-nous pas entendue laisser tomber ces nobles paroles : « Les ouvriers heureux et malheureux sont les uns et les autres mes enfants ; je ne ferai jamais de différence entr'eux. Je serai toujours la Mère de tous. » Quel noble cœur! quels beaux sentiments ! quelle sublime pensée ! Oh ! c'est qu'elle avait confiance dans les célestes destinées de l'éternité : elle n'a jamais été profane ni parjure. Fidèle avant tout à ses promesses . elle est demeurée sincère jusqu'à la tombe. Grand Dieu, quel exemple pour les rebelles maudits ! Telle fut, Compagnons, l'œuvre de la Mère Jacob lors de son passage sur cette terre. Plusieurs poètes Compagnons ont chanté avec enthousiasme cette femme si merveilleuse !... Merci à tous, merci aussi à ceux qui ont eu la première idée d'élever à sa mémoire ce monument , pour lequel je prie Dieu que jamais mécréant vienne souiller l'herbe sainte qui l'entoure.

« Après l'exposé des titres de reconnaissance dont je viens de vous entretenir, Compagnons , laissez-moi rendre hommage, en terminant, à la pureté de sa vie, à son absolu dévoûment au Devoir, à son zèle pour le bien de la Société, à son caractère digne et réservé. Sévère pour elle-même, juste et bienfaisante pour les autres ; voilà , certes, Compagnons, une existence noble et utile. que la femme que nous regrettons a pu rendre à son Créateur avec confiance dans sa miséricorde et dans sa bonté. Que de services rendus ! que de bienfaits sans exemple ! Non, jamais la Société des Compagnons boulangers n'oubliera ce que la Mère Jacob a fait pour elle !

« Adieu donc, bonne Mère ! adieu donc, femme utile et vraiment noble ! adieu ! à demain ! »

Dans ce concert d'éloges rendus à la mémoire de cette femme vénérée, M. Victor Perdriau, dit Manceau Fleur d'Amour, maître boulanger, établi dans la ville de Tours, a prononcé quelques paroles partant du cœur, et que l'émotion a quelquefois interrompues :

« Amis et Compagnons du Devoir de tous métiers,

« Frères, du haut de la demeure éternelle et des profondeurs de ce monument, l'âme et les restes mortels de notre bonne Mère Jacob tressaillent de bonheur en voyant ses enfants réunis autour de sa dernière demeure et s'apprêtant à immortaliser sa mémoire par l'érection d'un monument aussi solide que leur amour filial et reconnaissant. Le recueillement religieux qui nous réunit dans cette enceinte et notre sainte vénération pour cette bonne et tendre Mère se transmettront chez nos enfants de génération en génération, et, comme nous, ils viendront prier, sur cette froide pierre, pour celle qui n'a jamais cessé d'être notre fidèle soutien. Qui de nous n'a connu les vertus de son cœur, le désintéressement, le dévoûment sans bornes de cette Mère chérie ? Combien de fois l'a-t-on vue panser les blessures de ses enfants et, semblable à une lionne dont on maltraite les petits, s'élancer sur son ennemi, et souvent, par sa parole douce et entraînante, faire avorter les projets sinistres tramés contre nous. Les blessures qu'elle reçut quelquefois l'occupaient moins que celles de ses enfants.

« Que nos voix n'en forment qu'une pour lui dire qu'elle fut bonne Mère, vertueuse et dévouée, et surtout courageuse !

« Repose en paix ! Adieu !... »

Un quatrième et dernier discours, prononcé par M. Journolleau, dit Rochelais l'Enfant Chéri, a terminé cette touchante et religieuse cérémonie :

« Frères et Amis,

« Vous venez d'entendre, par l'organe de plusieurs de mes collègues, tout ce que l'amour et l'amitié peuvent donner de regrets à celle qui, toute sa vie, fut vénérée du Tour de France ; ils ont énuméré, avec toute la justesse et la sagacité possibles, toutes les grandes qualités que possédait à un très haut degré notre bonne et respectable Mère Jacob, d'heureuse mémoire

« Il est donc inutile ici de rappeler encore tout ce que mes honorables collègues viennent de vous dire concernant cette femme si bonne.

« Je dirai seulement que sa vie entière fut pour notre Société d'un dévoûment sans exemple et sans bornes, et qui, jusqu'à son dernier moment, ne s'était guère ralenti.

« Ce fut, si je ne me trompe, vers 1820 qu'elle fut nommée Mère de notre grandiose corporation compagnonnique. Elle était jeune alors, et, cependant, elle était appelée à parcourir une carrière bien épineuse : car, à cette époque de troubles et de dissensions qui existaient parmi les ouvriers du Tour de France, elle eut à subir bien des inquiétudes et bien des mauvais traitements de toutes sortes, mais qui, malgré tout, ne l'ont jamais fait reculer devant la tâche qu'elle avait entreprise. Femme douée d'un courage héroïque, combien de fois l'ai-je vue affronter des dangers qui pouvaient lui devenir funestes, et combien de fois encore (car je fus quelquefois témoin oculaire de ces scènes de désordre et d'ignorance) je l'ai vue, dis-je, au plus fort de la mêlée, prêcher la concorde et la paix à des hommes exaspérés, et réussir, par ses douces paroles, à conjurer l'orage qui grondait autour de nous.

« Mais je dévie du chemin que je m'étais tracé en prononçant ces quelques paroles sur la personne aimée que nous regrettons tous. J'ai commencé par vous dire que je serais bref et prompt : car, s'il fallait rechercher aujourd'hui toutes les occasions notables des belles actions qu'elle a pu faire, nous en aurions bien long à dire, et je craindrais de me lancer dans un dédale inextricable et sans fin, duquel je ne sortirais que difficilement. Par conséquent, j'ai laissé et je laisserai à d'autres le soin de cette glorieuse affaire.

« Cependant, je ne m'arrêterai pas encore : car, après l'érection de ce monument, qui fait aujourd'hui l'objet de notre réunion, et qui doit faire aussi l'orgueil de notre belle Société, il est utile que j'en dise ici quelque chose. Elevé à la mémoire d'une femme qui nous fut toujours chère, nous n'avons, en agissant ainsi, que fait notre devoir. Aussi, chacun de nous ne pouvait employer plus sagement et plus largement son obole.

« Elevé par les soins de cette Société qu'elle avait toujours chérie et de qui elle avait tant mérité, ce monument devra donc, à l'avenir, être un souvenir durable pour tous

les bons Compagnons du Tour de France qui l'ont connue
et qui ont su apprécier ses vertus et son cœur.

« Il sera, en même temps, un lieu de pélerinage pour
nos jeunes successeurs ; car, en passant par la Touraine,
ils n'oublieront pas d'aller déposer leur offrande sur le
tombeau de celle qui fut en ce monde notre ange tutélaire.

« Adieu donc, Mère Jacob ! adieu, Mère chérie ! Ton
nom et ton souvenir ne s'effaceront jamais de notre pensée !
Ce monument, élevé à ta mémoire, en est un précieux et
sûr garant : et puis, quand on meurt regrettée de la sorte,
n'est-ce pas toujours vivre dans nos cœurs ?

« Adieu, bonne Mère ! adieu pour toujours !... adieu ! »

Aussitôt cet ensemble d'hommages rendu à la mémoire
de cette femme vénérée, nous sortîmes avec ordre et recueillement de ce lieu de douleur, pour reprendre, comme
à notre arrivée, nos insignes compagnonniques, et défiler,
tranquilles et silencieux, jusqu'à l'hôtel du Bon Laboureur,
situé rue de Bordeaux, 6, le local de notre Mère actuelle se
trouvant trop petit pour la circonstance. Il était alors cinq
heures : nous avions donc une heure de repos pour attendre
le dîner, qui devait être servi à six. Ce laps de temps, qui
se passa comme une ombre, nous procura le plaisir de lier
connaissance avec une foule de Compagnons, accourus,
comme nous, de tous les points de la France pour assister
à cette fête si rare dans les annales du Compagnonnage.
La joie était peinte sur tous les visages, et le plaisir rayon-
nait dans tout son éclat, car cette nombreuse réunion nous
procurait à tous les douceurs agréables de la fraternité.

Que de vieilles connaissances, qui ne s'étaient pas vues
depuis dix ans, vingt ans, et même plus, encore ! que de
poignées de main échangées ! que de fraternelles accolades

données de part et d'autre. C'était un entraînement curieux à voir. car le délire. ainsi que l'enthousiasme. était au comble de son apogée : et. s'il fallait. amis lecteurs, vous détailler ici toutes les émotions profondes éprouvées par la plupart de ces vieux Compagnons du Tour de France. incontestablement je sortirais des limites que je me suis tracées. Seulement. vous ne devez pas ignorer tout ce que l'on peut se dire dans de pareils moments, et. par cela même. j'éviterai des détails trop longs et qu'une simple brochure ne saurait contenir.

Ce délirant bonheur aurait pu se prolonger encore. si la cloche de l'établissement n'était venue nous prévenir que le dîner était servi. Alors. chacun de s'asseoir à cette table fraternelle. On fit mettre les membres de la famille Jacob à des places qui leur avaient été réservées: puis notre Mère actuelle. étant toujours accompagnée de M{{me}} Estève. Mère de notre dixième Cayenne de France. prirent aussi leur place. laissant entr'elles. comme il est d'usage. celle du premier en ville.

Deux cents convives. au moins. étaient venus prendre place à ce dîner. qui. sans être digne d'un Lucullus. n'en fut pas moins servi d'une façon confortable : car. le menu, examiné avec soin. devait éviter à notre nouveau Vatel tous les malheurs de son infortuné devancier.

Le dîner se prolongea jusqu'à peu près dix heures. pendant lequel temps régna la plus parfaite cordialité. De toutes parts, le rire était sur les lèvres. et. de temps en temps. quelques chansons, entonnées par plusieurs personnes de cette brillante réunion. venaient. par leurs refrains entraînants et pathétiques. porter dans le fond de l'âme leur baume bienfaisant et consolateur.

Cependant. la soirée commençait à toucher à sa fin. et. déjà. plusieurs personnes de cette réunion intime parlaient de quitter ces lieux, pénétrées de douces émotions et de délicieux souvenirs, lorsque M. Charles Jacob, fils aîné de la famille, étant autorisé de quelques doyens Compagnons, prit la parole, en termes nets et chaleureux, pour nous remercier de tout ce que nous avions fait pour sa Mère, qui était aussi la nôtre. Il énuméra, avec assez de mémoire, toutes les occasions saillantes du bien que nous avions pu lui faire pendant les quarante-cinq années qu'elle avait tenu la Société.

J'approuve sa façon de penser, car il a agi convenablement, au nom de sa respectable famille, et je le remercie de ses bonnes intentions. Cela prouve en sa faveur.

Après cette touchante et sincère allocution, chacun regagna sa demeure, emportant dans le cœur, et pour longtemps, le souvenir de cette solennité toute fraternelle.

En terminant la description de cette fête, qui devra faire bruit dans le monde compagnonnique, nous ne devons pas oublier, surtout, d'adresser quelques paroles d'éloge et de remercîment à ceux qui ont eu l'heureuse idée, ou, pour mieux dire, l'idée première de s'en faire les créateurs. La Commission nommée à cet effet mérite toutes nos sympathies, car elle a rempli d'une façon exemplaire et méritante la glorieuse tâche qu'elle s'était imposée. Merci, mille fois merci, au nom de tous ! car le zèle que vous avez montré dans cette journée mémorable nous prouve combien vous étiez dignes de cette honorable mission !

Rochefort, 15 avril 1865.

A NOTRE BONNE MÈRE JACOB.

POÉSIE.

Frères, c'est aujourd'hui que sur mon luth sonore,
Pour l'honneur du Devoir, je viens chanter encore.
Je vais en Compagnon véridique et confus,
Vous chanter les bienfaits de celle qui n'est plus :
Célébrer son amour, ses vertus, son courage.
Puis à son noble cœur rendre un fidèle hommage.
Muse que je chéris, prête-moi ton concours
Pour chanter dignement notre Mère de Tours.
Bonne mère Jacob, je viens à ta mémoire
Consacrer mes moments, éterniser ta gloire.
Je viens, gai troubadour, fidèle narrateur,
Publier à loisir les bontés de ton cœur.
Je dirai à celui qui fait son Tour de France,
Que tu fus notre guide aux champs de l'espérance,
Et que, par tes conseils et ton humanité,
Nous goûtions les douceurs de la fraternité.
Chacun était jaloux de connaître tes charmes,
Car de l'homme affligé tu tarissais les larmes,
Et de ton cœur si bon, l'ineffable douceur
Nous transportait d'amour, de joie et de bonheur.
Mais puisqu'il faut mourir, telle est la loi divine,
C'est un décret d'en haut devant qui tout s'incline.
La faux du Temps trop tôt a moissonné tes jours.
Mes instants de bonheur se sont passés trop courts.
Emporte nos regrets, femme que je vénère.
Que la terre où tu gis te soit douce et légère.
Repose saintement dans ton humble cercueil.
Car les fils du Devoir n'oublieront pas ton deuil.
Ils prieront constamment que ton séjour paisible
Ne soit jamais troublé de l'aquilon terrible.
Repose donc en paix du sommeil éternel.
Car pour ton âme juste il n'existe qu'un ciel.

18 avril 1865.

CHANSONS INÉDITES

Pour faire suite à l'**Innovateur**.

A MON FILS MES INSIGNES COMPAGNONNIQUES.

Air : *Vive Paris.*

Tranquille, assis près de l'âtre qui brille,
D'un rude hiver affrontant les rigueurs,
Seul, près d'un fils, son unique famille,
Un Compagnon contemplait ses couleurs.
— Vois, disait-il, ce brillant apanage,
Doux résultat de mon unique espoir,

Du Fondateur noble et saint héritage,
Gage sacré des enfants du Devoir.   *bis.*

Pendant longtemps sur le beau Tour de France,
Je les portais gravement sur mon cœur,
J'ai combattu l'ignoble médisance,
J'ai converti l'ignorance et l'erreur.
Guidé parfois d'un amour indicible,
Des beaux Devoirs je chante l'unité,

Je chante aussi le Compagnon paisible,
Fidèle ami de la fraternité.   *bis.*

Il dit encor à son fils qui l'écoute,
Regarde bien ce signe de l'honneur,
Symbole heureux qui conduit à la route
De la vertu comme à celle du cœur.
Comme ton père, enfant, je te convie
D'être fidèle aux lois que nous suivons,

Afin qu'un jour au banquet de la vie,
Tu sois placé au rang des Compagnons.   *bis.*

Simple artisan, je suis sans opulence,
Mais, dans mon cœur, je possède un trésor :
Puis, comme moi, faisant ton Tour de France,
Que la sagesse, ami, soit ton mentor ;
Je ne crains pas chez toi l'ingratitude,
De ton bon cœur je connais le timon,

Tu reviendras, j'en ai la certitude.
Avec le titre heureux de Compagnon.   *bis.*

Accepte, enfin, ces insignes sans tache,
Présage heureux d'un brillant avenir,
Pour ton bonheur, ami, je m'en détache,
Conserve bien ce précieux souvenir.
Si, quelque jour, parcourant ta carrière,
L'humanité réclamait tes faveurs,

Songe surtout aux conseils de ton père.
Rappelle-toi sa canne et ses couleurs.   *bis.*

Du médisant les propos satiriques
De mes accents n'arrêtent point le cours,
Pour mon Devoir et malgré les critiques,
Mes chers pays, je chanterai toujours ;
L'*Enfant Chéri*, faisant son Tour de France,
Vous a chanté la concorde et la paix ;

Il chante encor dans la douce espérance
De réunir les amis du progrès.   *bis.*

L'UNION DES DEVOIRS

Air : *Tant qu'il reste une goutte encore.*

Plus de propos provocateurs,
Anéantissons la discorde,
Je viens vous prêcher la concorde,
Compagnons de tous Fondateurs ;
N'ayons plus de rivalité,
Soyons dignes de nos mystères,
Soyons de la moralité
Les plus fidèles mandataires. (*bis :* mandataires.)

— 33 —

REFRAIN.

Joyeux enfants du Tour de France,
Des devoirs chantons l'unité.
Frères, comblez mon espérance,
Buvons à la fraternité.   *bis.*

Soyons sans haine et sans dédain
En parcourant notre patrie,
Heureux enfants de l'industrie,
Au besoin prêtons-nous la main ;
Chantons tous avec Perdiguier
La devise du Tour de France,
Honneur et gloire à l'ouvrier !
Vive à jamais la tolérance ! (*bis :* la tolérance !)

        Joyeux enfants. etc.

N'ayons plus d'animosité,
Plus de ces luttes sanguinaires :
Soutenons-nous, vivons en frères.
Par nos bienfaits soyons cités.
Puisque nous touchons au grand jour.
Compagnons, voyez comme il brille.
Des Devoirs célébrons l'amour,
Ne formons plus qu'une famille. (*bis :* qu'une famille.)

        Joyeux enfants. etc.

Ne formons donc plus qu'un faisceau.
Que la paix nous serve d'égide,
Que l'amitié soit notre guide,
Marchons sous un même drapeau.
Pour arriver à l'union
Suivons les lois de l'homme sage,
Lisons avec attention
Le livre du Compagnonnage. (*bis :* Compagnonnage.)

        Joyeux enfants. etc.

Au Devoir, ainsi qu'à mes vœux,
J'ai fait serment d'être fidèle :
Quand parmi vous l'amour m'appelle,
Compagnons, que je suis heureux.
Suivez la marche du progrès,
Vieux amis, que je considère.
Recevez encore ces couplets
De l'*Enfant Chéri,* votre frère. (*bis :* votre frère.)

Joyeux enfants, etc.

L'AUTEL DE LA FRATERNITÉ.

Air : *Par des chansons ma mère m'a bercé.*

Puisqu'à l'autel de la fraternité
Nous voici tous, Compagnons de la France,
Pour l'union, divine déité,
Formons des vœux, comblez mon espérance.
Chers Compagnons, jurons, sur cet autel,
De nous aimer d'un amour fraternel.   *bis.*

Que l'union nous rassemble à jamais,
Par elle, amis, nous chérirons la vie,
Par elle encor nous irons au progrès,
C'est un plaisir que l'homme sage envie.
Chers Compagnons, jurons, sur cet autel,
De nous aimer d'un amour fraternel.   *bis.*

Jurons, ici, jurons sur notre honneur
De nous aider, de nous chérir en frères :
Jurons aussi de pardonner l'erreur
Du mécréant qui rit de nos mystères.
Chers Compagnons, jurons, sur cet autel,
De nous aimer d'un amour fraternel.   *bis.*

Soyons amis, plus de rivalité,
De nos Devoirs qu'importe la nuance,
Par nos bienfaits soyons toujours cités,
Et qu'entre nous règne la tolérance.

Chers Compagnons, jurons, sur cet autel,
De nous aimer d'un amour fraternel.　　　　*bis.*

Plus de dédain, plus de propos menteurs,
Que parmi nous la gaîté règne et brille,
De l'union savourons les douceurs,
Ne formons plus qu'une même famille.

Chers Compagnons, jurons, sur cet autel,
De nous aimer d'un amour fraternel.　　　　*bis.*

J'aime à chanter la fille de Thémis,
De l'union j'aime à chanter la gloire,
Du beau Devoir je chante les amis,
Et du progrès j'ai chanté la victoire.

Chers Compagnons, jurons, sur cet autel,
De nous aimer d'un amour fraternel.　　　　*bis.*

Dieu tout puissant, exauce mes projets !
Fais qu'en ce jour chaque corps se rallie
Sous les rameaux de l'arbre de la paix,
Signons, enfants, un pacte qui nous lie.

Chers Compagnons, jurons, sur cet autel,
De nous aimer d'un amour fraternel.　　　　*bis.*

L'Enfant Chéri, protégé des neuf Sœurs,
Vient parmi vous prêcher la tolérance,
De son Devoir il chante les grandeurs,
Imitez-le, Compagnons de la France.

Chers Compagnons, jurons, sur cet autel,
De nous aimer d'un amour fraternel.　　　　*bis.*

PLUS DE BATON DE LONGUEUR.

Air : *Le Forçat libéré.*

Puisque la paix, frères du Tour de France,
Vient d'établir son domaine chez nous,
Des corps d'états célébrons l'alliance,
Soyons heureux d'un bonheur aussi doux.
D'un sujet neuf, Compagnons que j'honore,
J'augmente, ici, l'illustre *Innovateur*,
Je viens parler du bâton de longueur,
C'est un abus qu'il faut détruire encore.

De l'amitié savourons les douceurs,
Laissons en paix nos bâtons de longueur.   *bis.*

De ce bâton que j'abhorre et déteste,
Que l'amitié doit bannir à jamais,
Joyeux enfants, je le dis sans conteste,
C'est un fléau peu digne du progrès ;
Réformons-le d'un accord indicible,
Ne craignons plus d'ennemis sur le Tour,
Puisque nos cœurs sont liés par l'amour,
Suivez les vœux d'un Compagnon paisible.

De l'amitié savourons les douceurs,
Laissons en paix nos bâtons de longueur.   *bis.*

Je me souviens de ces luttes sanglantes,
Car jeune alors je parcourais les champs,
Je me souviens de ces lames tranchantes,
De ces propos mauvais et discordants ;
De l'oppresseur pardonnant l'ignorance,
De l'opprimé j'étais le défenseur,
Du beau Devoir chaleureux sectateur,
Je prêche encor la paix du Tour de France.

De l'amitié savourons les douceurs,
Laissons en paix nos bâtons de longueur.   *bis.*

Ne portez plus ces triques gigantesques.
Triste décor, le progrès n'en veut plus ;
Ne chantez plus de ces couplets grotesques.
L'homme sensé repousse ces abus.
Si vous suivez mes conseils, je l'espère,
Présage heureux d'un délirant bonheur,
L'*Enfant Chéri* vient en réformateur
Vous assurer d'un avenir prospère.

De l'amitié savourons les douceurs,
Laissons en paix nos bâtons de longueur.   *bis.*

NOTRE MÈRE N'EST PLUS.

Air : *Le Fils vendu.*

Prenons le deuil, Compagnons de la France.
Et que vers Dieu s'exhale nos soupirs ;
Gais ménestrels, qui chantez la romance,
Pour quelque temps suspendez vos plaisirs.
Muse d'amour qui m'enivre et m'inspire,
Viens partager mes regrets superflus,

Car aujourd'hui je chante sur ma lyre,
Des Compagnons la Mère qui n'est plus.   *bis.*

Je vais chanter cette femme si bonne,
Des boulangers Mère depuis longtemps,
Je vais chanter cette aimable personne,
Qui fut toujours fidèle aux *Devoirants.*
Frères chéris de la belle Touraine,
Chacun de vous connaissait ses vertus.

Du Tour de France elle était la doyenne.
Chers Compagnons, notre Mère n'est plus.   *bis.*

Deux fois vingt ans elle fut notre Mère.
C'était pour nous l'ange consolateur.
Du malheureux soulageant la misère.
La charité faisait battre son cœur :
Douée, enfin, d'un caractère aimable,
De son amour chacun était confus.

Ses qualités la rendaient adorable.
Chers Compagnons, notre Mère n'est plus.   *bis.*

Combien de fois. témoins de son courage.
Nous l'avons vue, puissante déité,
Nous l'avons vue pacifier l'orage
Par ses conseils et son humanité.
Faire le bien était sa seule envie,
Tous noirs défauts chez elle étaient exclus.

Elle a payé sa dette à la patrie.
Chers Compagnons. notre Mère n'est plus.   *bis.*

Dans tous les temps. elle fut notre intime,
Car son amour nous la faisait chérir :
Elle est partie emportant notre estime.
De ses bienfaits gardons le souvenir.
Mère Jacob, qu'ici-bas chacun pleure.
Contemple-nous du séjour des élus.

Repose en paix dans ta sombre demeure,
Car nous prions pour celle qui n'est plus.   *bis.*

Son souvenir, frères du Tour de France,
Laisse en nos cœurs d'ineffables regrets :
Elle aimait tant la paix, la tolérance,
Qu'à son amour je dédie ces couplets.
L'*Enfant Chéri*, fidèle à sa mémoire,
Dans tous les temps célébra ses vertus :

Nous lui devons place dans notre histoire,
Chers Compagnons. notre Mère n'est plus.   *bis.*

L'ANNIVERSAIRE DU 16 MAI.

Air : *Notre Vaisseau.*

Du Seize Mai, voici l'anniversaire,
Accourez tous, Boulangers du Devoir,
Venez fêter cet Ami du Mystère,
Saint Honoré, ce Père du Savoir.

De cet anniversaire,
Célébrons le retour :
Chantons, chers Compagnons, ce protecteur sincère :
Abritons-nous sous sa bannière.
Car c'est là qu'est l'amour.

Chantons, enfants, ce jour plein d'allégresse
Qui nous transporte au faîte du bonheur.
Du saint patron, célébrons la sagesse.
Sans oublier les bontés de son cœur.

De cet anniversaire, etc.

Sur son front pur, brille un reflet candide,
Emblème heureux du séjour des élus,
Divin pasteur, ton amour qui nous guide
Doit nous conduire au temple des vertus.

De cet anniversaire, etc.

Inspirons-nous de ses maximes sages,
Si nous voulons désormais être heureux :
Car l'union de nos Compagnonnages
Dépend de nous, soyons moins vaniteux.

De cet anniversaire, etc.

Portons un toast à sa gloire immortelle.
Rendons hommage à sa célébrité.
L'*Enfant Chéri* de l'antique Rochelle
Chante toujours à la fraternité.

De cet anniversaire, etc.

NOS FRÈRES DE PARIS.

Air : *Du Dieu des bonnes gens.*

Naguère, Amis, j'ai chanté la Touraine.
La paix, l'amour, ma canne et mes couleurs ;
De l'union, j'ai chanté le domaine :
Du beau Devoir, j'ai chanté les grandeurs :
Vous voyez tous qu'un beau jour vient d'éclore.
Chers Compagnons, malgré mes noirs soucis.

Je chanterai sur ma lyre sonore
  Nos Frères de Paris.   *bis.*

Vieux Compagnons, chez nous plus de discorde,
Car l'amitié règne dans tous les cœurs.
Voici venir l'amour et la concorde.
Du temps passé pardonnons les erreurs.
Frères chéris que partout on acclame.
De la vertu vous obtiendrez le prix.

Car sur le Tour chacun de nous proclame
  Nos Frères de Paris.   *bis.*

C'est à Paris que règne la science,
Joyeux enfants, c'est là qu'est le bonheur.
Vous qui suivez le riant Tour de France.
N'oubliez pas ce séjour enchanteur ;
Songez qu'au sein de l'antique Lutèce
Tous les Devoirs par l'amour sont unis :

Gais troubadours, chantons, chantons sans cesse
  Nos Frères de Paris.   *bis.*

Dignes soutiens de notre Grand Mystère,
Par vos bienfaits vous comblez mon espoir :
Soyez heureux, vous que je considère,
Vous méritez des Enfants du Savoir.
Par vos doux soins, le beau Compagnonnage
Ne formera qu'une secte d'amis.

Et sur le Tour on chantera, je gage,
    Nos frères de Paris.   *bis.*

Jeunes élus du beau Compagnonnage,
Ne fuyez pas la route de l'honneur.
N'oubliez pas les lois de l'homme sage.
Si vous voulez connaître le bonheur.
L'*Enfant Chéri*, soutien du Grand Mystère.
En terminant ces couplets inédits.

Vous dit : suivez l'exemple de nos Frères.
    Nos Frères de Paris.   *bis.*

SAINT HONORÉ.

Air : *Le Général Tom Pouce.*

Compagnons du Devoir,
Ce repas délectable
Nous réunit, ce soir,
Autour de cette table.

Sur mon luth adoré,
Chantez, je vous engage.   *bis.*
Chantons Saint Honoré,
Saint Honoré le sage.

Ce divin protecteur
Mérite notre estime,
Célébrons sa grandeur.
D'une voix unanime.

De tout temps révéré
Du beau Compagnonnage,
Chantons Saint Honoré,
Saint Honoré le sage.

Ce mentor généreux
Nous guide à l'espérance.
Par lui soyons heureux
Sur le beau Tour de France.

Sous un ciel azuré
Ne craignant plus d'orage.
Chantons Saint Honoré.
Saint Honoré le sage.

La route du progrès
Par nous sera suivie.
Et par lui, désormais.
Nous chérirons la vie.

Sous un ciel azuré
Nous aurons l'avantage,
Chantons Saint Honoré.
Saint Honoré le sage.

Toujours resplendissant
D'une sainte auréole.
De son concours puissant
Il guérit, il console.

Esprit prématuré.
L'amour fut son partage,
Chantons Saint Honoré,
Saint Honoré le sage.

Terminons ce grand jour
Par des chants d'allégresse,
Et qu'ici tour à tour
Nos voix enchanteresses.

De ce saint vénéré.
Chantent toujours l'image.
Chantons Saint Honoré,
Saint Honoré le sage.

bis.

Frères. l'*Enfant Chéri*
De l'antique Rochelle.
D'un morceau favori
Vous donne la nouvelle :

D'un transport modéré
Acceptez son hommage.
Chantons Saint Honoré,
Saint Honoré le sage.

bis.

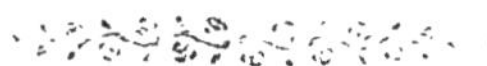